GEMAS
DEL
CORAZÓN

CATHERINE BAKER

Puede hacer pedidos de libros de WestBow Press en librerías o poniéndose en contacto con:

WestBow Press
A Division of Thomas Nelson & Zondervan
1663 Liberty Drive
Bloomington, IN 47403
www.westbowpress.com
1 (866) 928-1240

ISBN: 979-8-3850-3932-6 (tapa blanda)
ISBN: 979-8-3850-3934-0 (tapa dura)
ISBN: 979-8-3850-3933-3 (libro electrónico)

Número de Control de la Biblioteca del Congreso: 2024925488

Información sobre impresión disponible en la última página.

Fecha de revisión de WestBow Press: 12/11/2024

WestBow
PRESS®
A DIVISION OF THOMAS NELSON
& ZONDERVAN

DEDICATORIA

Dedico este libro, en primer lugar, a mi Padre Celestial y después a aquellos que tal vez hayan recibido una imagen equivocada del corazón de Dios Padre. También está dedicado a aquellos que desean emprender la aventura de descubrir el corazón de Dios y conocer mejor el suyo propio.

ÍNDICE

PREFACIO

«Hizo brotar de mis labios un nuevo canto, un canto de alabanza a nuestro Dios». (Salmos 40:3)

Empecé a escribir poemas hace muchos años para expresar lo que sucedía en mi corazón. Nunca pensé en compartirlos con un público más amplio porque son muy personales. Unos amigos cercanos me dijeron que sus corazones se conmovieron al escuchar mis poemas. Además, cuando escribía poemas para personas en situaciones especiales, me decían que tenía el don de expresar en un poema lo que ellos sentían en sus corazones. Era algo que ellos no podían expresar con palabras de la forma que lo hacía yo. También me dijeron que probablemente habría muchas otras personas que podrían beneficiarse al escuchar mis poemas. No estaba segura de querer compartir las expresiones de mi corazón con otros, pero estos amigos me animaron y así comencé a escribir este libro.

En la vida podemos tener muchas situaciones que nos producen estrés, desilusiones y tristeza, pero también tenemos momentos de deleite y alegría. Nuestros corazones necesitan expresar todas estas emociones de una forma u otra. Yo elegí expresarlas en mis poemas, pero hay muchas formas creativas de hacerlo, dependiendo de quién seas. Lo que sí descubrí fue que, cuando mis emociones se expresaban de esta manera, dejaba espacio en mi corazón para que entraran la paz y el reposo. Al llegar a un lugar de paz, tenía más capacidad para sentir la sabiduría que necesitaba para emprender la acción correcta.

Mis poemas revelan la fidelidad y la gracia de Dios hacia mí a lo largo de los años. Este libro es descaradamente autobiográfico porque revela lo que sucedía en mi corazón durante mi trayectoria personal para aprender a recibir de Dios y que Dios Padre se preocupa por mi corazón.

Como mujer mayor que ha descubierto mucha sabiduría en su caminar por la vida con Dios, decidí compartir parte de mi historia junto con algunos de los expresivos poemas para que puedan ser una bendición para otras personas. Dios ama y se preocupa por los corazones de todos Sus hijos.

AGRADECIMIENTOS

Me gustaría dar unas gracias rebosantes de gratitud a la ayuda de mi esposo en la revisión del texto, no solo por su corrección, sino también para mejorar la legibilidad y coherencia. Mi agradecimiento también a mis hijas, que han sido una bendición más grande de lo que creen, especialmente a Angelina, que no solo me ayudó con ideas en la preparación del diseño de la portada, sino que también produjo la hermosa cubierta de este libro.

Estoy agradecida por el tiempo pasado con tantísimas personas en Ellel Ministries International y Ellel East, que han tenido un papel importante en mi vida y en mi caminar con Dios. También me gustaría agradecer a Hour of Power, Father Heart Ministries, Fathers Royal Love Ministries, Brilliant Perspectives y, por último, a Life Connexion por darme a conocer las meditaciones bíblicas. Hay muchas otras personas y organizaciones, demasiado numerosas para mencionarlas todas, que han contribuido en mi viaje. Estoy agradecida por los muchos creyentes que he conocido a lo largo de los años y que me han dado un ejemplo de la importancia de esperar y confiar en Dios en todas las etapas de la vida.

INTRODUCCIÓN

Este libro describe parte de mi trayectoria para descubrir quién es realmente Dios Padre y quién quiere ser Él para mí. Cómo podría recibir Su amor por mí y por los demás y ser la persona para la que fui creada originalmente, no la niña que criaron mis padres. Creo que este viaje continuará mientras esté aquí en la Tierra porque, como un diamante, parece haber muchas facetas de la grandeza del amor y la bondad de Dios esperando a que las descubra.

Mientras luchaba por superar algunos de los desafíos que tuve que enfrentar en mi vida, comencé a escribir poemas para expresarme y en ellos me conecté con una paz profunda que me ayudó a recibir la sabiduría que necesitaba para afrontar los desafíos del día. Estos poemas son un poco como los Salmos de David, aunque no puedo pretender ser tan buena escritora como él. Fueron una forma de expresar las emociones confusas que surgían cuando me sentaba en silencio, a solas con Dios. En esa quietud comencé a recibir un aliento que trajo paz a mi corazón y guía para mi siguiente paso en la vida. Escribí numerosos poemas por la necesidad de expresar lo que sucedía en mi corazón. Los poemas de este libro son una selección tomada de un período de unos 20 años o más.

La recurrencia de emociones similares en mis poemas y el mismo aliento al final de cada uno me mostraban que estaba bien y era incluso beneficioso ser sincera con Dios acerca de mis decepciones y dolores. Después tuve que dejarlos ir para dejar un espacio al consuelo y la paz a fin de seguir adelante. Lo que estaba haciendo era acudir al Dios de gracia para que me ayudara en mi momento de necesidad.

«Acerquémonos, pues, con confianza al trono de nuestro Dios amoroso, para que él tenga misericordia de nosotros y en su bondad nos ayude en la hora de necesidad». (Hebreos 4:16)

Con el paso de los años, mis poemas se han convertido en devocionales, meditaciones bíblicas y oraciones de agradecimiento. Aunque mi corazón se vio afectado por muchas experiencias negativas en la vida, la gracia y el amor de Dios hacia mí me han restaurado y todavía me están restaurando de los efectos de estas experiencias mientras acudo constantemente a él.

UNO

CÓMO EMPEZÓ TODO

Mi trayectoria para descubrir quién era este Dios que se interesaba por mi corazón comenzó hace más de 40 años. Me contaron una historia sobre Francisco de Asís, un fraile italiano conocido por su amor y la sencillez de su vida. Se suponía que había dicho que Dios había escondido todo su ser dentro del hombre, todo lo que el hombre necesitaba para vivir la vida que Dios había planeado para él, pero el hombre nunca pensó en buscar esa vida allí. (La palabra Hombre aquí se refiere a la humanidad, varón y mujer).

No podía imaginar que el Dios del universo quisiera esconder en mí todos los misterios de la vida e incluso a sí mismo. En aquella época, era demasiado para que mi mente lo asimilara. Entonces, comenzó mi aventura buscando al Dios del amor que otras personas decían que estaba dentro de mí. Siempre me he sentido diferente, como si no encajara en ningún lugar; por eso siempre he sentido mi vida como una zona de guerra, un lugar hostil y no un lugar de amor, paz y alegría. Eso es lo que me motivó a descubrir cómo vivir en un reino de amor que se suponía estaba en mí, incluso cuando el espíritu de injusticia y otras emociones perturbadoras parecían gritar con más fuerza. En ese momento, fue la desesperación la que me impulsó a aprender a conocer a Dios y encontrar una manera mejor de vivir.

Cuando era niña, recuerdo jugar al juego «familias felices», pero para mí era solo un juego y no una realidad. No tenía una vida donde hubiera paz y armonía en la familia, y yo no sabía cómo traer paz a mi propio corazón, mucho menos a mi familia.

Después de mi primer encuentro con Dios, el tema del corazón me inspiró a asistir a la Convención de Keswick, una reunión anual de cristianos que se celebra en el norte de Inglaterra. Allí escuché hablar de un Padre amoroso que amaba a Sus hijos y deseaba paz y armonía en Su familia. En ese momento, se hizo un llamado a orar por las familias de Dios y eso me animó a comprar un libro sobre el tema titulado *Fight for the Family* ("Lucha por la familia", versión en inglés)) escrito por Jill Briscoe en 1981. Al recordarlo hoy, veo que la familia de Dios está aún más atacada en la actualidad que entonces.

Estoy muy agradecida por las personas que me presentaron a un Padre amoroso y me mostraron que se me ha dado libre albedrío para elegir en mi vida, y también que mi corazón es precioso para Dios Padre. Nuestros corazones son importantes para Dios; por eso dediqué un capítulo completo al corazón.

La primera familia en el cielo fue Dios Padre, Jesús el Hijo y el Espíritu Santo, y aquí tenía el primer lugar y el más importante para comenzar. Todos desempeñaron un papel único en la Creación, pero fueron uno en su propósito cuando todo fue creado en el mundo.

Cuando vi el cuadro del hijo pródigo de Rembrandt y vi las dos manos del padre sobre el hijo, una masculina y otra femenina, me recordó que nuestro Padre Celestial tiene características masculinas y femeninas, y que el Padre asume el papel de ambos progenitores. Él me puede restaurar todo lo que no recibí de mis padres terrenales. Puedes leer la historia del hijo pródigo en Lucas 15:11-32.

DOS

GEMAS DEL CORAZÓN

Llamé a este libro *Gemas del corazón* porque pensé que las cosas que estaba descubriendo eran como piedras preciosas, por lo que la idea de las gemas me pareció apropiada. También se podría decir que las gemas son el lenguaje y la expresión de los deseos de nuestro corazón. Un lenguaje que da la libertad de ser uno mismo y vivir en paz y tranquilidad.

«La vida del corazón es un lugar de gran misterio; sin embargo, tenemos muchas expresiones que nos ayudan a describir esta llama del alma humana. Describimos a una persona sin compasión como «sin corazón» y le instamos a «tener corazón». A nuestras heridas más profundas las llamamos «dolores de corazón». Los amantes abandonados tienen el «corazón roto». Los soldados audaces son «valientes de corazón». Los verdaderamente malvados tienen el «corazón negro» y los santos tienen un «corazón de oro». Si necesitamos hablar al nivel más íntimo, pedimos una conversación «de corazón a corazón». «Con el corazón ligero» es como nos sentimos durante las vacaciones. Y cuando amamos a alguien tan sinceramente como podemos, amamos «con todo nuestro corazón». Pero cuando perdemos la pasión por la vida, cuando se instala un letargo del que parece que no podemos desprendernos, confesamos: «No tengo el corazón puesto en ello». Descorazonarse es perderlo todo. Y quizás un «descorazonamiento» es lo que mejor nos describe a muchos de nosotros hoy, y ciertamente me describía a mí».

La vida del corazón está tomada del libro de John Eldridge «Waking the Dead».

Dios ha puesto todo en mí para la vida y la alegría en abundancia, pero las pruebas de la vida en la Tierra dañaron mi corazón o lo sobrecargaron con lo que no estaba destinado a soportar. Esto me dificultaba funcionar bien y no poder brillar y resplandecer como estaba destinada a hacerlo. Necesitaba sabiduría y ayuda para elegir lo que traería más vida y descanso a mi corazón, así que busqué a Dios. Mateo 11:28 dice: *«Vengan a mí todos ustedes que están cansados de sus trabajos y cargas, y yo los haré descansar»*.

Con frecuencia se encuentran diamantes en minas oscuras; hay que quitarles el polvo y pulirlos para que brillen. El polvo de este mundo que cubría gran parte de mi corazón necesitaba limpiarse para poder ver que había algo mejor y más brillante en mí, una gema. Estoy segura de que aún quedan más piedras preciosas por descubrir y espero encontrarlas.

Creo que estas gemas están en el corazón de todos nosotros, son atributos buenos y positivos de Dios mismo para ayudarnos a vivir nuestras vidas mientras estamos aquí en la Tierra. En mi viaje de descubrimiento, creo que los santos que me precedieron me están animando, así como el espíritu de Dios mismo, mi mayor animador. Brillar con nuestra propia gema del día no siempre es aplaudido por los demás, pero está bien amarnos y aplaudirnos a nosotros mismos, del mismo modo que Dios nos aplaude cuando descubrimos estas piedras preciosas y las usamos. Están ahí para ayudarnos a llegar a ser quienes fuimos creados para ser.

Quizás no me hayan gustado algunas de las cosas por las que me ha tocado caminar en mi vida, pero agradezco que se me haya dado sabiduría y fortaleza para seguir caminando, lo que me ha ayudado a descubrir no solo lo que había dentro de mí sino la fidelidad de Dios Padre hacia mí en todo.

Mi corazón estaba destinado a recibir amor, aceptación, protección y cuidado incondicionales. Esto no sucedió en mi familia porque no podían darme lo que ellos no habían recibido. Más tarde, siendo ya adulta, tuve que recibir la verdad del amor del Padre para poder mostrar ese amor a los demás.

Otras personas pueden y han sido una bendición para mí en mi caminar con Dios, pero no estaba destinada a depender de las personas, sino más bien de la verdad de quién dice Dios que es para mí. Cada uno tiene un don y un propósito únicos, pero aceptar esta diferencia me obligó a recibir primero gracia y misericordia para mí, con el fin de poder dársela a los demás.

Solo Dios Padre, mi creador y quien mejor conoce mi corazón, podría satisfacer mi profunda necesidad de amor, aceptación, seguridad y significado, no las personas. Él ya había puesto dentro de mí todo lo que necesitaba para conectar mi corazón. Tengo un enemigo de mi alma que no quiere que crea lo que Dios dice de mí. Odia a Dios y por eso trata de lastimar a aquellos a quienes Dios ama.

«El ladrón viene solamente para robar, matar y destruir; pero yo he venido para que tengan vida, y para que la tengan en abundancia». (Juan 10:10).

TRES

GEMAS ESPECIALES

Mi mayor gema fue tomar conciencia de que Dios no miente. Dios es quien dice ser y hace lo que dice que hará. Él es mi Padre Celestial, que preparó un lugar en Su corazón donde puedo sentirme bienvenida y en casa, donde estoy protegida y atendida, y soy amada y cuidada. Es alguien que nunca me abandonará.

«No los voy a dejar huérfanos; volveré para estar con ustedes». (Juan 14:18).

Jesús pagó el precio por mí, allanando el camino para que mi corazón volviera a casa con mi verdadero Padre Celestial y así poder vivir esta nueva vida de aceptación a través de Su victoria y no de mis fracasos. Como dice en Efesios 1:5: *«Nos había destinado a ser adoptados como hijos suyos por medio de Jesucristo, de acuerdo con Su voluntad, alabando la gloria de Su gracia, por la que Él nos aceptó como sus seres queridos."*

Puedo vivir del amor de Jesús en mí gracias a la obra consumada en la cruz. No existe nada que yo pueda hacer que haga que Él me ame menos y nada que yo pueda hacer que haga que Él me ame más. Él simplemente me ama en todos mis estados. Aceptar esto me hizo dejar de vivir una vida de esfuerzo impulsada por el desempeño. Me encantan los siguientes versículos:

«Pero en todo esto salimos más que vencedores por medio de aquel que nos amó. Estoy convencido de que nada podrá separarnos del amor de Dios: ni la muerte, ni la vida, ni los ángeles, ni los poderes y fuerzas espirituales, ni lo presente, ni lo futuro, ni lo más alto, ni lo más profundo, ni ninguna otra de las cosas creadas por Dios. ¡Nada podrá separarnos del amor que Dios nos ha mostrado en Cristo Jesús nuestro Señor!». (Romanos 8: 37-39).

Jesús es un amigo como ningún otro, uno que nunca me dejaría ni me abandonaría. Es importante recordar esto, ya que mis amigos no siempre pueden estar a mi lado cuando los necesito y yo no siempre puedo estar a su lado cuando ellos me necesitan. Es un gran aliciente saber que nunca estoy sola.

«Pero hay amigos más fieles que un hermano». (Proverbios 18:24).

Jesús también es el novio perfecto, que es otra área que para mí es bastante sorprendente. Nuestras parejas, al igual que yo, no son perfectas, se quedan cortas y a veces incluso nos abandonan, pero Jesús es perfecto, fiel y verdadero, y anhela una relación íntima con nosotros.

«los cantos de fiesta y alegría, y los cantos de los novios, y se oirá decir: "Den gracias al Señor todopoderoso, porque el Señor es bueno, porque su amor es eterno"». (Jeremías 33:11).

Antes pensaba que todos los problemas de mis relaciones eran culpa mía o de los demás: uno de nosotros debe estar equivocado. En algunos casos, era cierto: uno de nosotros no amaba como podía haberlo hecho. Principalmente necesitaba guardar mi corazón y recibir la sabiduría amorosa o la valentía que aún no había recibido. Dios es el restaurador de las relaciones con Él, con nosotros y con los demás, pero requiere que mi corazón esté abierto a esto. Dios no me impondrá Su voluntad: ese es Su precioso don del libre albedrío que me permite elegir. Sin embargo, solo puedo elegir por mí y no por los demás.

Al enemigo de mi alma no le gustan los corazones abiertos ante Dios, y mucho menos las relaciones pacíficas y armoniosas, y muchas veces su cebo es la ofensa. Cuando un pescador va a pescar, usa un cebo especial en el sedal para pescar. El enemigo conoce mi debilidad; por eso sabe qué cebo usar para intentar arrancarme de la paz y el reposo. Además, es un maestro en intentar que dude sobre lo que dice Dios.

«Porque no estamos luchando contra poderes humanos, sino contra malignas fuerzas espirituales del cielo, las cuales tienen mando, autoridad y dominio sobre el mundo de tinieblas que nos rodea». (Efesios 6:12).

Nada de esto es una sorpresa para Dios porque Él sabe todo lo que sucede en nuestros corazones y en los corazones de los demás, así como los juegos del enemigo. Puedo dar las gracias de no estar sola en estas situaciones. Cuando simplemente no sé qué decir o cómo orar, le pido al espíritu de Dios que hable por mí.

«De igual manera, el Espíritu nos ayuda en nuestra debilidad. Porque no sabemos orar como es debido, pero el Espíritu mismo ruega a Dios por nosotros, con gemidos que no pueden expresarse con palabras». (Romanos 8:26).

«Pues nuestro sumo sacerdote puede compadecerse de nuestra debilidad, porque él también estuvo sometido a las mismas pruebas que nosotros; sólo que él jamás pecó». (Hebreos 4:15).

Guardar mi corazón con Su ayuda es el antídoto contra las cosas que asaltan mi corazón y, por supuesto, Dios tiene la última palabra, la cual me recuerda en Juan 16:33: *«Les digo todo esto para que encuentren paz en su unión conmigo. En el mundo, ustedes habrán de sufrir; pero tengan valor: Yo he vencido al mundo».*

Su propósito no es hacerme daño, porque Él me ama más de lo que puedo imaginar.

«Sabemos que Dios dispone todas las cosas para el bien de quienes lo aman, a los cuales él ha llamado de acuerdo con su propósito». (Romanos 8:28).

CUATRO

CONOCIMIENTO Y SABIDURÍA

A lo largo de mi vida he adquirido, como la mayoría de nosotros, mucho conocimiento mental porque me parecía que debía hacerlo. Más tarde descubrí que la sabiduría era diferente: brotaba de mi corazón y era mejor guía que mi cabeza. Una vez que mi corazón estaba en paz con una decisión concreta, mi mente podía aprender a concentrarse en mejores respuestas, en lugar de en lo que decían mis sentimientos. A menudo dejaba que todos los aspectos negativos y los desafíos de la vida me afectaran tanto que mis emociones simplemente estaban descontroladas. Aunque quisiera, no podía pensar con claridad. No hay nada malo en las emociones, nos son dadas por Dios y están ahí para hacerme consciente de lo que está pasando en mi corazón, para que pueda reconocerlas o expresarlas, pero no están destinadas a controlar mi vida. Cuando surgen pensamientos negativos, necesito reemplazarlos por otros positivos.

Hubo un tiempo en que el miedo y el dolor parecían gobernar mi vida más que el amor y la paz, por lo que mi primera lectura de un versículo sobre el corazón me hizo creer que mi corazón no tenía nada bueno que decirme. Me basé en lo que había leído en Jeremías 17:9: *«Nada hay tan engañoso y perverso como el corazón humano. ¿Quién es capaz de comprenderlo?»*. Sin embargo, después de reflexionar sobre este versículo, comencé a entenderlo de manera diferente. Al final de Jeremías 17:9, dice: *«¿Quién es capaz de comprenderlo?»* Dios, que es mi Creador, es el único que realmente sabe lo que pasa en mi corazón. Por eso, me di cuenta de que para mí era muy importante conectarme con Dios en lo relativo a mi corazón. Crecí teniendo que ser muy independiente y estaba acostumbrada a hacerlo todo yo misma. Si iba a recibir ayuda de Dios, debía tener encuentros reales con Él para conocerlo y poder confiar.

El libro de Proverbios es un libro de sabiduría sobre cómo vivir la vida según los principios de Dios.

«Sobre todas las cosas cuida tu corazón, porque de él brota la vida». (Proverbios 4:23).

Así que mi aventura comenzó aprendiendo a proteger mi corazón. Los problemas de mi vida eran la falta de habilidades para la vida o las experiencias negativas que afligían mi alma, haciendo que mi corazón estuviera más triste que alegre. Después de años de tener la mente repleta de experiencias negativas, necesitaba constantes estímulos del espíritu para pensar en otras cosas que me aportaran más vida. La lección más difícil fue aceptar que la vida muchas veces es injusta: la lluvia cae sobre todos nosotros, sin importar quiénes seamos. Mi corazón había sido influenciado e incitado por miedos, vergüenza y orgullo malsano que no proceden de mi verdadera naturaleza en Dios. Comencé a acudir a Dios en la oración, confiando en que vería la bondad de Dios en todo.

«No se aflijan por nada, sino preséntenselo todo a Dios en oración; pídanle, y denle gracias también. 7 Así Dios les dará su paz, que es más grande de lo que el hombre puede entender; y esta paz cuidará sus corazones y sus pensamientos por medio de Cristo Jesús». (Filipenses 4:6-7).

Tomar conciencia de esta batalla que se libraba en mi mente me hizo comenzar a vivir a un ritmo más lento y a tomarme el tiempo no solo para escuchar a mi corazón, sino también para alimentarlo con la verdad, meditando en la palabra de Dios. Había aprendido mucho acerca de Dios, pero no tenía Su palabra en mi corazón en cantidad suficiente para poder vivir de ella en todas las áreas de mi vida diaria.

CINCO

EL CORAZÓN

El corazón al que me refiero en este libro no es el órgano físico de nuestro cuerpo, sino el corazón espiritual. Así como el corazón físico es esencial para la vida, el corazón espiritual es esencial para cada aspecto de esa vida. Cuando la Biblia habla sobre el corazón, en realidad se está refiriendo al espíritu profundo que nos es dado por Dios para la vida, como se dice en Ezequiel 36:26: *«Pondré en ustedes un corazón y un espíritu nuevo».* Dios está interesado en mi corazón y quiere que viva desde él. Esto es porque en mi corazón están las pasiones y los deseos que me proporcionan alegría. Las cosas que hago y en las que creo me dan una sensación de propósito y realización. El amor de Dios ha sido colocado en el centro de mi corazón porque he sido creada por Él. Yo soy su creación; no soy un error y Él eligió que yo estuviera aquí, en la Tierra, en este momento.

«Y esta esperanza no nos defrauda, porque Dios ha llenado con su amor nuestro corazón por medio del Espíritu Santo que nos ha dado». (Romanos 5:5).

Cuando yo crecía de niña, no era consciente de la existencia de Dios en mi mundo, a pesar de que mis abuelos iban a la iglesia. Durante este tiempo, mi familia tuvo que luchar por sobrevivir. Esto afectó a mi perspectiva de la vida, por lo que no me sentía segura y solía preguntarme por qué estaba aquí. Esto me hizo creer cosas sobre mí que no eran positivas y tampoco ciertas. Desde temprana edad desarrollé, aunque inconscientemente, formas de sobrevivir y de satisfacer mis necesidades de la manera que en ese momento pensaba que era mejor para mí.

Muchas personas hacen su camino a través de la vida sin ningún conocimiento de Dios, igual que hacía yo. No era consciente del deseo de Dios Padre de tenerme en Su familia, de relacionarse conmigo y ayudarme a vivir mi vida.

«Todo el mundo ha tenido una crianza diferente y distintas experiencias de vida, por lo que la "caja de Dios" de cada uno está llena de información diferente. Como resultado, dos personas nunca pueden estar completamente de acuerdo sobre lo que piensan acerca de Dios. Si su única fuente de conocimiento son las experiencias de su propia vida, pueden pasar por alto ser la persona para la cual Dios los había creado. Las piezas del rompecabezas de su caja personal de Dios nunca serán las mismas que las de otra persona. Por eso, por ejemplo, hay tantas religiones diferentes en el mundo. Cada persona es diferente porque cada religión es una expresión diferente del intento del hombre de encontrar a Dios a partir de su propio conocimiento y experiencia acumulados, que siempre serán incompletos e inadecuados». *Cita de Peter Horrobin, fundador de Ellel Ministries.*

Las experiencias de la vida a menudo pueden impedirnos vivir según quiénes somos, ya que no reconocemos nuestro propio corazón. Esto lo comprendí cuando era niña; me pareció que había podido conectarme con mi corazón e instintivamente sabía que estaba hecha para el amor, pero no podía percibir por qué no lo recibía. Al final, no importa lo bien que hagamos las cosas o lo que hayamos logrado, no vale la pena vivir una vida sin corazón. Porque de él fluyen los asuntos de la vida. Es en nuestro corazón donde escuchamos por primera vez la voz de Dios, y es en el corazón donde llegamos a conocerlo y aprendemos a vivir en Su amor.

A menudo no somos conscientes de cómo ha sido asaltado nuestro corazón. Las cosas negativas que aprendí sobre mi corazón que me enseñaron mi familia y mis figuras de autoridad podrían haberme definido para el resto de mis días. Afortunadamente, el amor de Dios ha demostrado ser más grande y Él logró convertir mi vida en algo bueno. Él es el único que puede convertir las adversidades y la tragedia en algo hermoso. Sé que volveré a encontrarme con mi familia en el cielo, cuando regrese a casa y me reúna con ellos por la gracia y la bondad de Dios.

En la historia de José, leemos lo que le hizo su familia. Sus hermanos lo golpearon y lo vendieron como esclavo, soportó muchas injusticias y al final llegó a ser tan respetado por el faraón que este le dio poder y autoridad sobre todo Egipto. Esto le permitió salvar a su familia y al pueblo judío en una época de hambruna. Creía que Dios le había enviado de avanzadilla y le había dado el poder para resistir y convertirse en quien Dios le había destinado a ser. Por ese motivo, perdonó todas las injusticias que le habían hecho. Se convirtió en la persona que estaba en el lugar correcto y en el momento correcto para salvar a su pueblo. Lee la historia en el Génesis, capítulos 37-49. No leemos todos los detalles de los sentimientos y luchas de José en el viaje de su vida, pero estoy segura de que no superó lo que superó sin examinar muchas veces su corazón ante Dios. Al final, decidió confiar en Dios. Mientras leía esta historia de José, pensé en mi propia historia y decidí perdonar todas las injusticias de mi propia vida. He aprendido que el perdón es una de las claves para la sanación del corazón, pero también para mantener mi corazón en paz.

Los poemas que vas a leer son el resultado de años de buscar la sabiduría de Dios en los desafíos que enfrentaba. Durante estas épocas de expresión, comencé a usar el don del perdón, que podía utilizar conmigo o con otros. Muchas veces me retiraba para estar a solas con Dios y recibir lo que necesitaba en ese momento, pero siempre recibí el aliento de Su pacífica presencia. A veces reflexioné sobre algunos de estos salmos: Salmos 23, Salmos 91, Salmos 139.

Se necesita valentía para vivir desde tu corazón. José tuvo esa valentía gracias a su confianza en Dios. Yo elijo confiar en Dios Padre para compartir todo esto con ustedes.

SEIS

EL JARDÍN DE MI CORAZÓN

Tengo un jardín pequeño y mis plantas prosperan cuando pongo en la tierra los nutrientes que necesitan. También tengo muchas malas hierbas en mi jardín y, si no las arranco, se apoderarán del jardín y consumirán los nutrientes destinados a mis preciosas plantas. Algunas de estas malas hierbas se han dejado vivir durante demasiado tiempo y tienen raíces profundas, por lo que se necesita mucho esfuerzo para deshacerse de ellas y, a veces, no pude librarme totalmente de ellas. Intento asegurarme de que mis plantas reciban suficientes nutrientes a pesar de las malas hierbas, pero a menudo me olvido de alimentarlas con tanta frecuencia como debería y no siempre crecen tan bien como podrían hacerlo.

Mi corazón es como un jardín y, cuando lo alimento con la comida adecuada, le ayuda a prosperar para que mi jardín pueda florecer como se supone que debe hacerlo. Cuando descuido mi corazón, ya no funciona tan bien como debería. Las experiencias y pensamientos negativos son como malas hierbas que yo no planté y que no pertenecen al jardín de mi corazón.

Antes desperdiciaba mucha energía dedicando tiempo a intentar descubrir qué estaba mal y qué podía hacer para evitar que lo negativo crezca y tome control, hasta que comencé a alimentar mi corazón regularmente con la verdad de la naturaleza de Dios, según Su palabra. Esto me permitió permanecer más tiempo en mi lugar de paz y reposo, lo que a su vez ahuyentó a los intrusos negativos que querían regresar y traerme malestar.

Cuando Jesús gritó en la cruz: «Consumado es», no mintió. Él pagó el precio completo para comprarme a mí, Su hijo, de la esclavitud para que yo pudiera ser libre y restituido; Su sangre que fue derramada para que yo pudiera tener el perdón del pecado y recibir nueva vida ahora y vivir eternamente con Él en el futuro.

«En la casa de mi Padre hay muchos lugares donde vivir; si no fuera así, yo no les hubiera dicho que voy a prepararles un lugar. Y después de irme y de prepararles un lugar, vendré otra vez para llevarlos conmigo, para que ustedes estén en el mismo lugar en donde yo voy a estar». (Juan 14:2-3).

Aceptarlo como hijo de Dios en mi corazón me transfirió al Reino de la Luz. Aquí se me ha dado la capacidad de vivir a partir de Su gozo, desde Su victoria de amor por mí y no desde mi antigua forma de vivir y creer, que me producía más estrés que paz y alegría. El enemigo de mi alma no quiere que crea la verdad de que Dios me ama y cuida incondicionalmente. Mi atención debe centrarse en lo que Dios dice de mí, que siempre es positivo.

«Dios nos libró del poder de las tinieblas y nos llevó al reino de su amado Hijo». (Colosenses 1:13).

«De ese modo se les abrirán de par en par las puertas del reino eterno de nuestro Señor y Salvador Jesucristo». (2 Pedro 1:11).

«Ustedes, en otro tiempo, estaban muertos espiritualmente a causa de sus pecados y por no haberse despojado de su naturaleza pecadora; pero ahora Dios les ha dado vida juntamente con Cristo, en quien nos ha perdonado todos los pecados. Dios anuló el documento de deuda que había contra nosotros y que nos obligaba; lo eliminó clavándolo en la cruz. Dios despojó de su poder a los seres espirituales que tienen potencia y autoridad, y por medio de Cristo los humilló públicamente llevándolos como prisioneros en su desfile victorioso». (Colosenses 2:13-15).

El fruto del espíritu es la naturaleza misma de Dios, que es como los nutrientes para mi corazón que le permiten florecer y brillar con cualidades que dan vida. El fruto del que se habla en Gálatas 5:22-23 —amor, paz, gozo, paciencia, benignidad, bondad, fidelidad, mansedumbre y autodominio— son la naturaleza de Dios. Me ayudan a permanecer en reposo y en paz incluso cuando las circunstancias a mi alrededor no lo están.

Me tomó mucho tiempo llegar al lugar donde estoy ahora. Mi razón para compartir parte de mi historia a través de mis expresivos poemas es que tengo la esperanza de que te hagan decir: «Puedo identificarme con algo de esto. Tal vez deba comprobar qué es eso a lo que estoy respondiendo y creyendo sobre Dios y sobre mí misma en mi propio corazón».

Dios no tiene favoritos. Todos los hijos de Dios son sus favoritos. Hay un lugar en Su corazón para todos nosotros. Él desea tener una relación de corazón con todos nosotros. Amamos a nuestros propios hijos de una forma única y deseamos lo mejor para ellos; y lo mismo ocurre con nuestro Padre Celestial. Él desea ser bueno con nosotros.

Algunas de las formas que he encontrado para conectarme mejor con mi corazón son sentándome a solas y relajándome, disminuyendo la velocidad de mi respiración o poniendo música instrumental relajante. A veces, también leo o salgo a caminar.

Cuando era joven, solía jugar un juego llamado «invasores del espacio». Cuando los extraterrestres llegaban del cielo a mi espacio, intentaba hacerlos explotar antes de que me pillaran ellos. Ahora bien, si las preocupaciones y los problemas traen pensamientos negativos a mi espacio de paz, no necesito hacerlos estallar, sino que debo dejarlos ir para recibir más sabiduría para la situación. Sin juzgarme ni a mí ni a nadie más, simplemente dejarlo todo para proteger el jardín de mi corazón.

Esta es una elección mía constante, estar alerta ante lo que dejo entrar en mi corazón y en lo que a veces fallo, dependiendo de lo que me acabe de golpear en ese momento. Sin embargo, he descubierto que, cuando lo logro, la presencia de Dios en mi interior es mayor, Él me anima a entregarle mis cuidados y a confiar en Él. Practicar esto me brinda alegría y fuerza porque me anima al saber que no estoy solo y que, de hecho, tengo una gema en mi interior que me ayuda a aprender algo precioso.

Es un viaje de aprendizaje para permanecer en Su paz. No estoy tratando de conseguir paz; ya tengo paz. Lo que estoy haciendo es mantener a los invasores del espacio alejados de mi lugar de paz. Cuando fracaso bajo mucha presión, no hay culpa ni condena, sino un «la próxima vez, mejor». Sin embargo, hay ocasiones en las que debemos descansar en una batalla que se ha ganado para nosotros.

«No les tengas miedo, porque el Señor tu Dios peleará en favor de ustedes». (Deuteronomio 3:22).

SIETE

POEMAS DEL CORAZÓN

Durante mi vida adulta he tenido problemas físicos de corazón. También conozco a muchas personas que han tenido que someterse a una operación de bypass cardíaco. Les insertaron un tubo en sus arterias para permitir que la sangre vital fluyera hacia su corazón y pudieran sobrevivir.

La profesión médica conoce la importancia de que la sangre fluya bien a través de nuestro corazón. Cuando tuve problemas cardíacos, me aconsejaron cuáles eran los mejores alimentos para que mis arterias no se bloquearan y me ofrecieron medicamentos para que la sangre fluyera correctamente.

El miedo, el estrés y la ansiedad que sentía en mi corazón, y el no saber manejar lo que estaba pasando en mi vida eran parte de mi problema. Buscaba formas de sobrellevar o detener el miedo. Estaba destinada a vivir por amor con la ayuda de Dios y no solo a sobrellevar la vida. De este dilema surgieron los poemas del corazón, especialmente el poema «Bypass del corazón».

Cuando estaba preparando este libro para su publicación, recibí otro golpe en el corazón que me dejó sin aliento y tuve que tomarme un tiempo para dejarlo descansar antes de terminar este libro. Me encantaría que leyeras estos poemas con el corazón abierto y dejaras que te hablen a ti particularmente. Como todos somos únicos, espero que cada persona obtenga algo diferente de ellos. Para aquellos que puedan estar interesados, en las notas finales he puesto algunos pasajes bíblicos y puntos adicionales que me llamaron la atención en el momento de escribirlos.

Como mencioné anteriormente, si surge alguna emoción al leer estos poemas, no te preocupes, es simplemente una indicación de que tu corazón necesita reconocer esas emociones, tal vez incluso soltarlas para liberar espacio o traer alivio a tu corazón. Simplemente disfruta la realidad de la vida de tu corazón, pero debes saber que, tanto si crees en Dios como si no, Él cree en ti y tu corazón le importa.

Considera la posibilidad de pedirle a Dios que te revele lo que Él quiere que obtengas de este libro. No es casualidad que lo tengas ahora mismo en tus manos. Este no es un libro que se lea apresuradamente. Es necesario reflexionar con el corazón sobre los numerosos poemas antes de pasar a leer el siguiente.

«Confía de todo corazón en el Señor y no en tu propia inteligencia». (Proverbios 3:5).

Bypass del corazón

El corazón está dañado y no funciona del todo
quizá si supiera hablar, lo diría de algún modo.
Explicaría tácticas de supervivencia para tapar dolores,
nunca fuimos muy buenos y no quedamos campeones.
Obligados a buscar alguna otra vía,
para encontrar el amor de aquel día.
Dios sabe que era necesario, alguien dijo con nerviosismo,
había otra manera, otro abismo.
Ocultarlo, reprimirlo, todo negado.
Todo comenzó con la Caída del pecado.
Sin ningún lugar seguro para refugiarse,
nadie fue capaz de mostrarse.
Ahora he crecido y soy fuerte,
es hora de que Dios me libere.
Él es digno de mi confianza y no fallará, lo confieso,
el mismo amor me levantará este peso.
Solo deseo conocer Su mirada y cariño.
Por favor, ¡muéstrame Tu amor con ese guiño!

Corazón solitario

Siempre ocupados, nadie se siente escuchado
y tus entrañas a volverse sabias han comenzado.
El corazón gana juicio cuando nadie quiere escuchar,
no te encuentras entre el rebaño, solo puedes buscar.
Rápida sociedad instantánea, siempre a toda velocidad.
Máquinas, robots y ahora, hasta el Whatsapp.
En ocasiones es demasiado para mí,
la tecnología no puede sustituir un toque gentil.
La caricia de una mano sobre una taza de café,
compartiendo los viejos problemas de ayer.
Así que me siento ante Él cuando estoy solo,
Él siempre me mira desde su trono.
Y mientras el mundo aumenta la velocidad,
agradezco que Dios me siga queriendo tocar.
Tocando mi corazón, aunque no pueda ser presencial,
así es como suele comenzar.
En corazones solitarios se parece especializar
y por eso a Él en mi vida le dejo entrar.
Entrar a esta casa poco sana
que me atormenta tanto como a otros de la especie humana.
Puede que no siempre le vea, pero siempre está aquí.
Nunca me deja, siempre está listo para quererme a mí.

Conexión del corazón

Conexión con Dios Padre, de la vida el manantial,
la verdadera fuente de amor, donde lucha no encontrarás.
Recibir su amor y predisposición,
a través de Jesús su hijo, es solo una decisión.
Una decisión de aceptar en la cruz el regalo,
la sangre derramada para que pueda yo cruzarlo.
Jesús intercede ante el Padre para que yo pueda oír
las palabras que Él quiere que yo diga aquí.
Creer Sus palabras y en Él permanecer,
a mí me cambia por dentro y a Él gloria le va a traer.
Mis oídos deben estar afinados para lo que pido aceptar.
conocer Sus promesas la tarea va a aligerar.
Tarea más fácil es agradecer la promesa como deseo,
Él es un Dios totalmente sincero.
Sus buenos deseos en mi corazón están sembrados,
así que un buen comienzo ya se ha iniciado.
Mi Dios anhela bendecir mi alma,
trayéndome Su gloria para estar en calma.
Para ser su hijo me ha reservado,
ser elegido por Él me deja asombrado.
Escucha, obedece, confía en su amor,
Experimenta el placer,
de en esa medida el amor conocer.

Corazón esperanzado

Un niño con su suerte ha nacido,
amado, deseado y querido.
Formar parte de mi familia querida
siempre ha sido el motor de mi vida.
Un agujero difícil de llenar
que algunos suplen con pastillas para llorar Enfrentarme a este vacío siendo mayor
fue duro para mí sin el Señor.
El amor de Jesús en este sitio
es la única esperanza, su Gracia es lo que necesito.
Espero que Él llene este vacío
que arregle el daño de todo este lío.
Esperanzas que no son malas en sí mismas,
ayudan a nuestro corazón a discernir en esta sima. Esperanza de que el Padre nos devuelva la vida perdida,
Su Gracia provee mi desgracia,
por no recibir lo que necesitaba en la vida con eficacia.
No la carrera del cuerpo atravesando la meta,
sino rendirme al espíritu del Dios profeta.

Sin confiar ni esperar su Gracia esperanzadora,
es difícil acabar la carrera como ganadora.
La carrera no triunfa en este nuestro mundo,
sino amarme y respetarme como Él enseña, así de profundo.
Es el éxito el que me hace brillar,
permitiendo que el Amor, todo lo pueda cambiar.
Él planeó la victoria antes que la Caída, te puedes relajar.

Corazón que perdona y acepta

En la cruz nos otorgaron un regalo: el perdón.
Pero no solo eso, también la aceptación y el amor,
independientemente de lo que diga o haga yo.
Regalos que no merecemos, pero nos dieron de todos modos
para demostrar Su amor y no tener que vivir solos.
«Perdonad a los demás como yo», es fácil de decir,
pero a veces no tanto de cumplir.
Si alguien pide ayuda, se le debe brindar,
si no, me entran ganas de pelear.
Diseñados para caminar por Sus caminos y bajo Su cuidado,
evitando así caer en la trampa del diablo.
La convicción de que Sus caminos son los mejores,
reconforta mi corazón y vivo tranquilo bajo sus valores.
Desde tus adentros puedes gritar,
hacia Dios todo tu mal expulsar.
Por eso, para protegernos, Jesús murió,
protegiéndonos de todo lo que desde La Caída ocurrió.

El lugar oculto del corazón

En un lugar oculto con las puertas cerradas
es donde mis entrañas se vuelven más sabias.
Allí no tengo miedo a compartir
sabiendo que Jesús está junto a mí.
Cosas que no compartiría con el corazón en la mano,
ni siquiera lo haría con un hermano.
Sentirse amados es lo que Dios nos ha regalado.
Una buena relación con Jesús debe ser lo primero,
De lo contrario, estarás perdiendo el tiempo.
Con Él debo escuchar y compartir mi corazón,
ese es el primer paso con el Señor.
Así nace nuestra relación con Dios según Su voluntad,
algo dañada por los pecados de la humanidad.
El pecado solo es perder el camino,
pero se puede cambiar tan rápido como el rumbo divino.
En un lugar oculto con las puertas cerradas,
es donde sanas las desgracias.
Permanece tranquilo, déjale entrar,
para que Su conciencia dentro de ti se pueda asentar.

OCHO

EL DESPERTAR

Una vez, mientras estaba sentada en silencio, me sentí como la Bella Durmiente en el cuento de hadas que leía cuando era niña. Me sentí como si estuviera encadenada a mi cama y no pudiera levantarme. Necesitaba que me quitaran las cadenas para poder despertar con un beso de amor verdadero y levantarme. Cuando desperté a la verdad, que es que el amor verdadero es el mismísimo Príncipe de Paz, el hijo de Dios enviado por mi Padre que está en el cielo para permitirme volver a Él en mi corazón, comencé a mirar todo en la vida a través de una lente diferente.

En el Reino Unido tenemos una Casa Real. Cualquiera que se una a esa familia debe aprender las costumbres de la Casa Real, que pueden ser muy diferentes a las del lugar de donde proceden. Imagínate el asombro de estar en el palacio donde vives ahora y tener que comportarte y responder a un estilo de vida tan real.

El Reino de Dios es una casa real, pero no es igual que una casa real terrenal y no tiene las mismas reglas ni el mismo protocolo. La diferencia es que el Rey es mi Padre, Jesús es mi redentor y amigo, y el Espíritu Santo está conmigo para ayudarme a ser quien debía ser. Es el lugar donde soy amada incondicionalmente y soy bienvenida tal como soy. Es el lugar donde recibir el amor, la sabiduría y la fuerza para ser quien fui creada para ser: una hija amada. En este entorno no hay necesidad de actuar o esforzarme en simplemente recibir lo que es mío para ser quien Dios planeaba que fuera cuando me hizo. Esta asombrosa conciencia me impulsó a escribir la siguiente serie de poemas.

Padre amoroso

Hay un Padre amoroso, que también Rey está coronado,
cuyos hijos fueron secuestrados por algo malvado.
A causa de esa maldad sus hijos olvidaron
que al cielo estaban destinados.
Esto afligió tanto al Padre que a Su hijo envió
como reflejo de Su amor, para que no huyera yo.
Huir con miedo de lo que el mal había sembrado,
porque parece cierto ahora, estaba completamente desbocado.
Miedo que parecía tener el control,
en mi alma debería haber estado el amor.
El amor que la familia en la tierra puede modelar,
solo si se recibe desde el nacimiento es posible lograr.
Lo que antes no haya recibido nadie puede dar,
podemos pasarnos la vida intentando agradar.
Agradar para recibir Amor, un regalo de lo alto que vas a obtener,
como de mi Padre de Amor empecé a aprender.
Quería que escuchara y le oyera,
para que hablar y compartir mi corazón pudiera,
y ayudarme con la nueva vida que emprendiera.
Entonces conocería la verdad sobre el pecado,
que no era lo que aprendí en un mundo sin mi Padre amado.
Su mundo es una vida de poderosa Gracia llena,
recibiendo de un reino de Amor, un lugar de paz serena.

Un reino de Gracia y Amor, no de lucha tortuosa,
paz alejada de la lucha de una vida temerosa.
Sus palabras de Vida mi corazón empezaron a sanar,
tomó tiempo, pero fue una forma maravillosa de empezar.
Un comienzo en el que Él me repararía,
Amor, Paz y Alegría en mi vida vería.
Se trataba de conocer a un Padre en el que pudiera confiar,
para que el miedo al deber impuesto me dejara de controlar.
Un lugar de descanso solo para ser yo
aceptada, amada, perteneciéndole al Señor.
Alguien que sabe cuidar de los suyos desde Su trono,
dentro de mi corazón había puesto todo.
Para poder ser yo y contentarme con la vida,
sabiendo que Tú me amas y aceptas por mí misma.

Jesús mi amigo

Lo que he aprendido: Jesús es mi amigo de verdad.
Hace mucho, mucho tiempo, cuando empecé a buscar,
muy dócil Él me hizo quedar.
Buscar y preguntar más que escuchar, es verdad.
Su paciencia y gracia parecen abundar,
cuando le doy tiempo para un sonido articular.
Las palabras de mi boca o el silencio que muestro,
no parecían desanimar a mi amigo al respecto.
Ha sido fiel y verdadero cuando yo no lo merecí,
Pero Él todavía anhelaba servir.
Más grande que yo es Su amor inagotable,
si inmóvil sobre Su rodilla puedo quedarme.
Esta semana he estudiado más sobre mi amigo,
que Su grandeza nunca terminará he aprendido.
Sé en mi corazón que deseo más,
porque él tiene preparada tantísima cantidad.
Para más profundamente Su novia llegar a ser,
el deseo deberá ser siempre permanecer.
Estar cerca y escuchar lo que Él me quiere mostrar,
que mi corazón brille tal vez consiga lograr.
Pero lo que sea mi amigo me lo mostrará,
cuando para saber esté preparada de verdad.

Caminar con el espíritu de la verdad

Si no confío en el amor del Padre celestial,
desconfiaré del espíritu cuando un empujón me vaya a dar.
Caminar con el espíritu, ¿qué significa eso?
Asociarse con Dios en las cosas que no vemos.
Su Palabra es la verdad para la vida que yo vivo,
el espíritu de Dios dándome la vida que necesito.
Leo la palabra y la mastico como si fuera comida,
que alimenta mi espíritu y mi humor anima.
Cuando suficiente de la palabra en mi corazón es digerido,
el espíritu es capaz de guiar para un principio.
Lo que en mi corazón no se digiere
puede extraviarme cuando el corazón se me estremece.
Los fundamentos de la palabra de Dios tienen que arraigar,
para que el enemigo no la pueda arrancar.
Regada cada día por el Espíritu Santo la semilla de la verdad,
ayuda a la planta a crecer y me ayuda en mi caminar.
Algo sin raíz puede ser arrancado,
eso es lo que tantas veces ha hecho el diablo.
Digiere la palabra y sobre mi vida la expresa,
entonces la victoria de mi lucha se apodera.

Adán

Oh, Adán, sabes lo que has creado,
toda una vida de esclavitud has procurado.
Tener el control te hace sentir seguridad,
pero en realidad, te impide conectar.
Cara a cara con Dios Padre que se preocupa por ti,
cara a cara contigo mismo mientras Él está allí.
El miedo es terrible, paraliza el Amor que actúa dentro de ti.
El miedo se instala desde la aparición del pecado.
Pecado que en la cruz fue pagado,
para que todo lo que se perdió pueda ser recuperado.
En la cruz eres bienvenido,
recibe la redención que Jesús compró como Su hijo.
Libertad para elegir aprender a confiar
en lugar de por todos los deberes dejarse llevar.
El deber de a todos los hombres complacer
solo te hace ocultarte y desaparecer.
Esconderte, excusarte,
solo coloca los problemas en el estante.
Un estante de tu corazón donde causan dolor,
sin que nadie pueda aliviar esa sensación.
No importa cuántos años,
tengas que venir con tantos daños.

Nuestro Padre Celestial nunca te abandona a tu destino,
Él quiere que aprendas el mejor camino.
Caminando con Él como Su hijo,
Él es gentil, amable y te ayuda con regocijo.

Eva

Eva, fuiste engañada por palabras persuasivas.
No hubo advertencia de que lo dicho era mentira.
Adán estuvo de acuerdo y el comienzo de la caída esto fue.
El silencio y la culpa se interpusieron entre los tres.
Ese día hasta Dios culpa pareció tener.
Eva, la verdad que proviene de la fuente debes creer.
No mires a Adán por si no se da cuenta,
eso puede hacer que al final del pozo equivocado bebas.
Adán debe cumplir lo que le pide Dios en su orden,
las consecuencias de las decisiones que tome.
Si es un error, querida Eva, no te alteres,
Dios es asombroso, no como la serpiente.
Él puede cambiar todo para bien en tu vida,
especialmente cuando le buscas doblando la rodilla.
Otras Evas en el camino puedes encontrar,
te apoyan y se quieren quedar.
Tal vez algunos no entienden,
que primero de la mano de Dios recibir debes.
Eva, puedes animar a otros a recorrer el sendero,
Pero la responsabilidad debe permanecer con ellos.
Acéptalos por las decisiones que van a tomar,
el viaje personal que todos debemos iniciar.

Alegría

En ningún lugar pude encontrar esta alegría,
parece haberse perdido en la caída.
Buscar este lugar de gracia,
para mí ha sido una carrera muy larga.
La ley me guio hacia los caminos rectos de Dios,
pero la vida que buscaba no me aportó.
En su lugar me trajo dolor y pena,
por todos los problemas y conflictos en mi cabeza.
Solo podía ver cosas que no tenían solución,
no esa alegre y deliciosa canción.
Lágrimas, dolor y pérdida cubrieron a este amigo,
a menudo me hizo sentir que ese era el final del camino.
La alegría misma vino y dio su vida,
para ayudarme a salir de mis luchas y angustias.
La compasión y misericordia recibidas en este lugar
me llevaron a un espacio diferente de verdad.
Espacio para sembrar donde mi corazón sintiera la necesidad
de llorar y muchas semillas liberar.
Semillas de misericordia por todo lo que enfrenté
a un lugar encantador al final me conecté.
Un Dios que transmitir solo quiere
su presencia de Alegría que mi corazón fortalece.

Viaje al amor

Mi primera hija nació tras una espera muy larga,
nueve años hicieron que mi corazón temblara.
Me alegré mucho cuando por fin estaba en camino,
las oraciones de los santos fueron escuchadas por el Divino.
Nunca supe que se podía amar a otro y apartarse de uno mismo
para conocer a Jesús, ese mismo día comencé mi camino.
A muchos lugares fui buscando para esta niña lo mejor,
no todos ellos estaban llenos de la gracia de Dios.
Muchos libros tuve que leer y estudiar,
buscando lo mejor y dónde lo podía a encontrar.
Esa vida de alegría que había leído, ¿dónde estaba?
Parecía que solo en mi cabeza se hallaba.
Dos mundos se disputaban mi corazón en una guerra,
no sabía cómo lidiar con tanta pelea.
En una batalla que yo no pude ni quise escoger,
pero que no quería perder.
Una madre que a una hija quería criar,
para que por caminos buenos y no salvajes pudiera caminar.
No podía dar lo que no recibía,
así que estaba rezando todo el día.
Especialmente con el segundo hijo en camino,
una lucha para traer a la luz a este ángel divino.

Mudarme a otra tierra no ayudó a mi vida en ningún sentido,
sola aquí me hizo buscar más al Divino.
Parece que el miedo que aprendí en este mundo cuando crecía,
me presiionó hasta convertirme en algo que no conocía.
La verdadera fuente de la vida es el amor,
yo solo había sentido problemas y aflicción.
La Gracia fortalecedora desde el principio me acompañó,
veo lo que Él ha hecho en mi interior.
Contento de que mi Dios mi corazón mirara,
no solo los fallos del principio y las palabras equivocadas.
Fui muy independiente y fuerte para sobrevivir,
era el camino para florecer, eso aprendí.
Ahora soy mayor y un camino diferente conseguí aprender,
la alegría y la abundancia están aquí para permanecer.
No tengo que ser independiente y fuerte, ni me voy a esforzar,
puedo ser yo, relajarme y mi canción cantar.

Celebración de la alegría

Mucha celebración después de años,
que tantas lágrimas me trajo.
Niños ahora adultos, fuertes, sabios y jóvenes,
para esta canción dan muchas razones.
Sus propias vidas y hogares poseen,
en hombres se convierten,
un nieto también del trono viene.
Cuánta Gracia para nosotros aquí en la tierra,
como si con un segundo nacimiento nos bendijera.

La alegría del Señor es mi fuerza (canción)

Estrofa 1

Alegría, escondida estabas en un lugar secreto.
Sal, que ver tu rostro anhelo.
Alegría, te quiero hoy, alegría mía,
quédate siempre conmigo, no huyas de mi vida.

Estribillo

Alegría, oh alegría, yo te llamo.
Levántate y canta, fuerza poderosa te reclamo.
Cantad al Señor con el corazón de todos vosotros.
Alegría, oh alegría, yo te convoco.

Estrofa 2

Alegría, más preciosa que todo lo que pueda ganar,
las lágrimas me distraen una vez más.
Alegría, oh alegría quiero que te quedes.
Atraviesa el dolor, ven y haz que se aleje.

Estribillo

Estrofa 3

Alegría, siento tu presencia en este momento,
llenándome tanto que inclinarme deseo.
Alegría, tanta alegría necesito tener
tu presencia me sustenta para poder crecer.

Estribillo
Estrofa 4
Alegría, por siempre te doy la bienvenida,
estalla en canción, una canción que te bendiga.
Alegría, oh alegría, siento tu fuerza,
hasta el final tu poder me sustenta.

Escribí una estrofa adicional a la canción Alegría cuando el coronavirus nos golpeó a todos.

Estrofa 5
Alegría, la enfermedad ha creado un mundo muy amargo.
Levántate y canta, demuestra que eres tú quien está a cargo.
Alegría, oh alegría, me ayuda a recordar.
Tú eres más grande que todo lo demás.

NUEVE

CRISIS DEL CORONAVIRUS

Los siguientes poemas fueron escritos en un momento difícil, durante la pandemia de coronavirus. Fue un tiempo en que todo se detuvo, lo que me hizo entrar nuevamente en un tiempo de reflexión sobre la vida en general, sobre mi propia familia y sobre la familia de Dios de todo el mundo.

Reflexiones de vida

Mi año número 73 en esta tierra,
desde mi nacimiento he visto mucho en ella.
Aceptando cambios con altibajos,
no siempre segura de cómo seguir caminando.
Un mundo que se mueve cada vez más rápidamente,
conduce al desastre si no descansas lo suficiente.
Al mundo el coronavirus ha llegado,
parece que está tratando de imponerse demasiado.
Su llegada ha hecho que todos busquemos
otra forma de vivir, calles y edificios desiertos.
Aparte de las cuestiones de cuarentena,
el mundo se ha detenido, la sociedad está serena.
¿Podría ser el momento de detenernos?
¿Reflexionar sobre todo y sus efectos?
Los vecinos se preocupan y hablan más,
aunque solo a puerta cerrada, y desde detrás.
Mirando los rostros de las personas queridas en las pantallas,
que por las prisas pueden haber sido olvidadas.
Carreras de la vida, vamos, vamos, vamos,
ahora todo se ha detenido y es más lento de lo pensamos.
Tiempo para pensar, tiempo para descansar,
¿qué es lo mejor que realmente podemos encontrar?

Valentía

Este año hemos hablado del valor continuamente.
La valentía, ausencia de miedo no es siempre,
es confiar en quien me ama entrañablemente.
Esperanza, valor, lo que sea que necesito,
para que me ayude a triunfar a Jesús siempre preciso.
El éxito no consiste en ser el mejor de todos,
consiste en ser yo misma en Jesús en reposo,
Descansar sabiendo que Su amor siempre está,
el reto es con todo esto ayudar.
Así que hija mía, cerca de mí quédate,
entonces verás quién estás destinada a ser.

Reflexión – Primer amor

El coronavirus trajo la reflexión sobre el Amor de Dios,
¿Había perdido lo dicho dentro de mí y en un nivel superior?
Me sentía perdida y llena de vergüenza,
de lo mismo de siempre la vida parece estar llena.
La gracia perdida buscando a mi alrededor,
perdí en la carrera mi necesidad de relación.
Carrera de la vida por pertenecer,
aceptada con el resto de la multitud quiero ser.
Entonces recordé este amor oculto en mí,
que nunca me había abandonado de principio a fin.
Aunque este amor de otros al principio lo viviera,
Perderlos hizo que mi corazón se entristeciera.
El dolor de la pérdida trajo en mi corazón descreimiento,
que tuvo que irse para tener un nuevo comienzo.
La clave era que para la relación estoy hecha,
No podía hacerlo sola, me doy cuenta.
Amarse a sí mismo, quedarse quieto
encontrarse cara a cara, volver a mi lugar secreto.

Esperanza

Creer y confiar en el único hijo de Dios,
Jesús, el camino, la verdad y la vida en las cosas que nos dio.
Oh, qué difícil ha sido confiar y creer,
cuando las pruebas de la vida de rodillas te acaban de poner.
La esperanza mal depositada algo invisible parece,
es como una campana que suena cuando aparece.
Que no todo está bien, repica en el alma,
suspirando por contarlo, anhelando ser escuchada.
Cierto, en muchas cosas de la vida he albergado esperanzas,
familia, trabajo, ministerio y servicio me tuvieron ocupada.
El bienestar y la salud nos preocupan a todos,
las finanzas y las necesidades claman desde el otoño.
No hay nada malo en sentir en mi corazón estos deseos,
desde el principio por Dios en mí fueron puestos.
La esperanza equivocada es depender de estas cosas por siempre,
cuando se han ido o fallan más de una o dos veces.
El resultado no fue lo esperado,
lo permití para poder inspeccionarlo.
Esperanza depositada en el lugar que no es,
el pozo equivocado para saciar tu sed.
Te digo, mira aquí hacia el lugar exacto,
Jesús es la fuente cuando su rostro he buscado.

Cuando el viaje de la vida desafía lo fundamental,
mi esperanza en Jesús tiene que ser más y más.
Dios, solo tengo una conclusión,
no vivo en ninguna ilusión.
Mi esperanza es solo en ti esperar,
desde tu trono en tu Gracia confiar.

Hijos de Dios

El covid afectó a muchos durante estos años,
la muerte y la enfermedad temores suscitaron.
Incluso cuando creía que tenía cerca a Dios,
aquí parecía rodearnos a todos la confusión.
Muchos pastores también confusos parecían estar,
sin saber qué conocimientos usar.
Llevados, de la lucha de la vida liberados,
Asombroso, por la cruz de Cristo salvados,
Alguien que es especial en mi mente
me está dando tiempo para aferrarme fuerte.
Tú no mientes, no es quien eres,
como una estrella errante no vienes.
Aquí abajo tienes millones de hijos,
¿Lloras cuando no pueden estar contigo?
Oh Dios de amor que a todos nos salve,
de los continuos estragos de todo lo que pase
Confiar en una relación contigo en la amistad,
es la única sabiduría que puedo aceptar.
En que tú sabes qué es lo mejor elijo confiar,
la mejor manera de permanecer en descanso y paz.
Esta es la manera de guardar mi corazón,
lo que me lleva de vuelta al principio del amor.

Conocimiento o sabiduría

Sin muchos conocimientos crecí,
a la universidad nunca pude ir.
No soy lo bastante lista o buena, oigo decir,
por otro camino tienes que ir.
¿Qué otro camino puedo tomar?
Nadie me dice lo que necesito descifrar.
Quería elegir mi vida, simplemente.
No significa que no sea inteligente,
Necesito una oportunidad para empezar solamente.
Empezar a aprender lo que alegría me trae,
en lugar de ser el juguete de alguien.
Mucho aprendizaje y conocimiento he logrado,
incluso algunos títulos me han otorgado.
La sabiduría es algo diferente,
viene del corazón y ayuda a cantar a este.
Trae paz y un camino que no conocía,
debe ser Su espíritu que mostrarlo quería.
En la sabiduría de los hombres no muestres fe,
Sino en el poder de Dios para decir Amén.

Amada

Dices que soy la amada,
quien te gratifica.
Con deleite y amor me miras.
A veces no siento nada de esto,
pero tu provees sin importar lo que la vida ha dispuesto.
Momentos en los que se abre paso tu amor.
Es tal la Alegría entre Tú y yo.
Parece un sueño con mi corazón capturado,
entonces siento que a la salida he regresado.
Comienzo de una carrera que para mí fue ganada,
a Jesús, tu hijo, doy las gracias.
Por el regalo de la vida contigo me alegro,
no más esfuerzo para creer que eres verdadero.
Sigues derramando tu amor sin fin,
traga la duda que el enemigo intenta sembrar en mí.
Primer Amor restaurado a través de todo,
me levantó cada vez que caí al lodo.
Su obra completada hecha para mí
significa que mi vida de bendición contigo puedo vivir.

Yo soy

Él no es Yo era o seré,
Él es YO SOY y en el árbol ya no estaré.
Él vive y respira dentro de todos,
siempre lo ha hecho o no estaríamos nosotros.
Me he pasado la vida queriendo existir,
un mito ha sido esforzarme por vivir.
Constantemente deshecha la vida viví,
porque la victoria del Hijo nunca entendí.
Conocimiento tuve, pero no de la vida sabiduría,
de lo contrario, hace tiempo que la lucha estaría detenida.
Oh, qué paz en el lugar Secreto,
descanso para estar de Gracia lleno.

De cautiva a cautivada

Toda una vida mi corazón de mentiras cautivo
hizo difícil ver la verdad desde el principio.
Viendo todo mi mal, cautiva de mucha depresión,
Tardé mucho en encontrar mi canción.
Cautiva de la desesperación en mi mundo de pecado,
cautiva de miedos profundos he estado,
pero profundo en mi corazón una voz queda me ha hablado.
Eres más amada de lo que crees,
puedo hacer que todo sea blanco como la nieve.
Cautivada ahora por otra voz,
Oída cuando mi corazón se aquietó por elección.??
Cautivada, perseguida por este Amor,
¿Venía de alguien superior?
No, estaba en mi corazón, muy adentro
así que desde el principio era cierto.
Mi corazón empezó a regocijarse de alegría,
me mantuvo despierta gran parte de la noche y del día.
Puede que el viaje haya sido largo,
pero ahora en la eternidad puedo cantar mi canto.

Restauración

La restauración, ¿qué puede ser?
Un maravilloso estado de felicidad, eso es.
Mi alma y mi cuerpo han gobernado durante años
porque de mis miedos no había escapado.
Que era posible para mí, no podía saber
que el Espíritu de Dios era más grande, ya ves.
Para Él no es un problema el quebranto o la injusticia
antes del pecado, todo está escrito en el libro de la vida
La restauración sanadora es como un pastel
tienes que empezar con un bocado cada vez.
Alimentándote del bien durante un período de tiempo,
Todo lo que está en Él es mío,
Es asombrsoso que lo hayas descubierto.

DIEZ

UN DISEÑO ÚNICO

Habiendo leído mis poemas, espero que Dios Padre te haya hablado en ellos o te haya inspirado a descubrir quién eres en tu caminar con Él. Son un vistazo de un Padre fiel que quiere traer restauración a nuestros corazones. Abrirme constantemente a Él me ayudó a encontrar paz y descanso. Sabía todo lo que estaba sucediendo y lo supervisó todo.

Todos somos únicos y diferentes en muchos sentidos, y está bien que así sea. Todos estamos en diferentes estaciones de nuestras vidas. Mis hijas comenzaron su vida siendo bebés y ahora son mujeres adultas. Mientras crecían, había multitud de habilidades que tuvieron que aprender para convertirse en las mujeres que son hoy.

Nuestro Padre Dios es un padre perfecto y Su gracia, amor y paciencia conmigo han sido inagotables. He tenido que aprender muchas habilidades para crecer y convertirme en la hija que Él me hizo ser, que es diferente de la niña que crio mi familia. Los temores con los que crecí se están reemplazando continuamente por el amor perfecto de Dios. Filipenses 1:6 dice: *«Estoy seguro de que Dios, que comenzó a hacer su buena obra en ustedes, la irá llevando a buen fin hasta el día en que Jesucristo regrese».*

«Pues Dios, según su bondadosa determinación, es quien hace nacer en ustedes los buenos deseos y quien los ayuda a llevarlos a cabo». (Filipenses 2:13).

«A todo puedo hacerle frente, gracias a Cristo que me fortalece». (Filipenses 4:13).

Muchos de nosotros buscamos encontrar descanso para nuestras almas en el turbulento mundo del corazón. Buscamos ser sabios en nuestras decisiones para que no solo nos vaya bien a nosotros en todos los ámbitos de nuestra vida, sino también a nuestras familias y a nuestros seres queridos. Los buenos pastores quieren que sus rebaños encuentren ricos pastos y descanso para sus almas.

A lo largo de los años, he visto que la ciencia, el mundo médico y el mundo natural siguen descubriendo cada vez más cómo podemos vivir una vida mejor y qué debe suceder en nuestro entorno para que podamos disfrutar de un mejor bienestar físico y mental. Esta es la confirmación de la sabiduría que fue escrita en la Biblia hace más de 2000 años. Lo encuentro asombroso, y estoy segura de que hay mucho más que aún no se nos ha revelado. En un mundo de diferentes culturas y sistemas de creencias, hay muchas formas en las que podemos pensar que son las formas correctas de ser y de vivir. La Biblia puede malinterpretarse si no se tiene un conocimiento real del autor original, si no se conoce la intención de Su corazón al escribirnos.

He sentido que este viaje ha sido un poco como el juego de las escondidas que solía jugar cuando era niña. Alguien se escondía y los demás niños lo buscaban y encontraban. Algunos niños se escondían mejor que otros, por lo que encontrarlos llevaba más tiempo. Si yo era a quien no lograban encontrar, me cansaba de esperar, así que me dejaba encontrar. Era un juego divertido con mucha alegría y risas. Dios quiere que lo encontremos cuando estemos listos para verlo tal como Él es realmente. Estoy segura de que a Él le produce gran alegría y risas que lo busquemos y lo descubramos en todas las situaciones de nuestras vidas. Me pareció sorprendente descubrir que la Biblia nos dice que Dios nos oculta cosas y nos las revela a Su tiempo.

«*Es gloria de Dios tener secretos…*» (Proverbios 25:2).

Su ocultamiento no es por querer mostrarse difícil, sino para protegernos de aquello para lo que no estamos preparados. Cuando mis hijas eran pequeñas, yo les hacía la mayoría de las cosas, pero cuando fueron creciendo, no les dije de golpe todas las cosas con las que tendrían que lidiar en el viaje de su vida. Dejé que lo descubrieran por sí mismas, pero yo estuve a su lado cuando fue necesario. Como crecieron en una tierra distinta, que no era la tierra de donde proveníamos, me volví dependiente de la ayuda de Dios para moverme en un sistema que yo desconocía.

Nuestro Padre Celestial se relaciona con nosotros como hijos muy amados y quiere que recibamos su ayuda y su guía. Mis hijas no tienen que hacer el mayor esfuerzo posible para que sus padres las amemos y aceptemos. Si su comportamiento es bueno o no, eso no influye en cómo las vemos. No somos padres perfectos; por eso, ¿cuánto más puede nuestro Dios Creador, que es un Padre perfecto de amor, darnos la sabiduría y la seguridad que necesitamos en cada etapa de nuestras vidas?

Cuando criaba a mis hijas, a pesar de mi falta de conocimientos de la cultura de la nueva tierra en la que vivíamos, mi Padre celestial nos brindó lo que necesitábamos de muchas fuentes diferentes, y por todas ellas estoy muy agradecida. He tenido el privilegio de ver obrar Su gracia y Su compasión en muchas dificultades de nuestras vidas.

Cuando trabajaba con Ellel Ministries, nos animaron a convertir a Jesucristo en el señor de todos los aspectos de nuestras vidas y a confiar en que Él proveería en las áreas donde necesitáramos ayuda y orientación. Por ejemplo, cuando le hice señor de mi voluntad y de todas mis decisiones, recibí su guía para saber qué debía dejar ir y lo que debía hacer en su lugar.

ONCE

RESTAURACIÓN Y SANACIÓN

La restauración y la sanación ocurren cuando las hermosas cualidades que están en nuestro interior, nuestras gemas, se sacuden el polvo de las palabras y los acontecimientos negativos, y aceptan con los brazos abiertos la verdad de que realmente somos amados, hermosos y especiales. Nadie puede ser tú y ofrecer lo que tú puedes ofrecer a esta vida.

La sabiduría popular dice: «Cuando llueve, te pones un abrigo, pero cuando sale el sol te lo quitas». Nuestros corazones se cubren cuando las cosas negativas e hirientes vienen contra nosotros, pero las palabras positivas hacen que nuestros corazones se abran a los valores divinos. Solo a través de corazones abiertos podemos tener una relación unos con otros, con un corazón lleno del amor de Dios.

«Sean ustedes perfectos, como su Padre que está en el cielo es perfecto». (Mateo 5:48).

Las gemas reflejan la luz y todo lo bueno que proviene del Padre de luz.

«Por lo tanto, el que está unido a Cristo es una nueva persona. Las cosas viejas pasaron; se convirtieron en algo nuevo». (2 Corintios 5:17).

Como hija amada de Dios, puedo disfrutar de una vida mejor gracias a la victoria por la que Jesús murió. El enemigo quiere que viva en la duda e incredulidad de que un Padre amoroso se preocupa por mí. Elijo no escuchar esta voz negativa, y escuchar en cambio la voz de mi pastor.

«Mis ovejas reconocen mi voz, y yo las conozco y ellas me siguen». (Juan 10:27).

También tengo un ayudante: el Espíritu Santo. El Espíritu Santo es una persona, igual que Dios Padre y Jesús, y todos tienen la misma naturaleza y características. Puedo descansar en Su gracia y fidelidad. Él me recuerda que debo relajarme y dejar que Él obre a través de mí en mi propia singularidad.

«No por el poder ni por la fuerza, sino por mi Espíritu». (Zacarías 4:6).

Como dije antes, las gemas son el fruto del espíritu, son los buenos nutrientes que alimentan mi corazón para que prospere. Nada puede impedir que el fruto del espíritu produzca un hermoso jardín en tu corazón. Cuando nos sentimos perdidos o inseguros, siempre podemos pedir ayuda a nuestro Padre Celestial porque Él nos ama. Recuerda que Él dice que nunca nos dejará ni nos abandonará, y que Él está con nosotros, no contra nosotros. Una de mis oraciones favoritas es «Ayuda».

«Al contemplar las montañas me pregunto: "¿De dónde vendrá mi ayuda?" Mi ayuda vendrá del Señor, creador del cielo y de la tierra». (Salmos 121:1)

Dios puede hacer sanaciones milagrosas, pero a veces, en Su sabiduría, sana a lo largo de un período de tiempo. Cuando le pedí que fuera señor de mi salud física, mi cuerpo no recibió salud instantánea, sino que la sanación se produjo gradualmente. Comencé a recibir sabiduría para tener un mejor estilo de vida con el fin de restaurar muchas áreas de mi vida, lo que finalmente eliminó algunas de las afecciones que padecía.

El Reino de Dios tiene toda la sabiduría necesaria para vivir la vida cotidiana y muchos han encontrado esta sabiduría sin saber que originalmente provenía de Dios mismo. Los principios buenos y positivos funcionan en la vida, conozcamos a Dios o no. Su amor es inclusivo, Él derrama Su amor sobre todo Su pueblo todos los días. A medida que me hacía mayor, comprendí aún más que necesitaba conectar con la sabiduría y el poder de Dios para no solo recibir fuerzas renovadas sino también mantenerme fresca y lozana en la vejez.

He conocido a muchas personas de todos los ámbitos de la vida, algunas tienen fe en Dios y otras no tienen ninguna fe. Todas eran buenas personas y deseaban hacer lo que pensaban que era correcto para ayudarse a sí mismos y a los demás, para vivir la vida como pensaban que debía vivirse. Sin embargo, he visto que, a menos que estemos cimentados en el amor y no en el juicio y la corrección como estaba yo, la vida no resulta tan buena como debería. Es sorprendente cómo Dios puede cambiarlo todo para bien cuando miramos hacia Él.

Mi búsqueda del amor verdadero y de una relación me trajo a mi príncipe, pero no importa lo bueno que sea nuestro príncipe terrenal; es Jesús, el Príncipe de la Paz, quien con su amor me cambia por dentro y por fuera. Cuando la verdad de Su gran amor por mí me llegó por fin al corazón, cambió mi perspectiva de lo que es el verdadero amor incondicional.

DOCE

AMOR INCONDICIONAL

El amor en la tierra se basa en la aprobación o el acuerdo. Cuando hay desaprobación o desacuerdo, ese amor muchas veces se retira. La forma en que el mundo demuestra amor es principalmente para su propio beneficio. Algunas personas solo están dispuestas a amarte si obtienen algún beneficio. Podría tratarse de seguridad, autoestima o interés propio. Les parece bien que tu vida se vea bendecida, siempre y cuando ellos también se beneficien. Dios no es así; Su amor es incondicional. Afortunadamente, también hay personas que muestran el carácter del amor incondicional de Dios.

Amor es lo que Él es, ese es Su carácter. Su amor es como una flecha recta, sin ganchos ni intenciones ocultas. Él ama por el puro placer de amar, porque Él es Amor. No es un amor situacional ni amor según el desempeño, y tampoco es un amor que busca recompensa. Como somos Sus hijos, Él nos ama y nos acepta incondicionalmente, tal como somos. Todas nuestras vidas están escritas en Su libro de la vida y Él conoce el final de nuestra historia.

Cuando leí por primera vez 1 Corintios 13, me parecía imposible amar de esa manera. Esforzarme todo lo que pude por creer y tratar de hacerlo con mis propias fuerzas simplemente no me funcionó. 1 Juan 4:19 dice: *«Nosotros le amamos porque Él nos amó primero»*.

Primero necesitaba recibir el amor que me permitiera amarlo a Él, luego a mí misma y finalmente a los demás. La primera vez que creí y confié realmente en Él, me sentí un poco como si tuviera que caminar sobre el agua y no hundirme.

Recuerda a Pedro, que caminó sobre el agua. Estaba bien cuando miró a Jesús, pero comenzó a hundirse cuando miró hacia la tormenta. Jesús no lo dejó hundirse y lo sacó del agua. Esta historia de Pedro es un estímulo para mí porque me enseñó que, aunque fracase y me hunda en las tormentas de la vida, Jesús siempre está ahí para levantarme y ayudarme a seguir adelante sin condenarme.

Cuando mis hijos eran pequeños, sus abuelos les daban dinero para que pudieran comprar regalitos. Recordar esto me hizo sonreír porque eso es lo que hace Dios: Él me da el regalo de su naturaleza para equiparme y responder a Su modo, un modo que me bendice a mí y a otros, y logra Su propósito en la situación.

Otro pasaje desafiante para mí es Lucas 6:27: «*Pero a ustedes que me escuchan les digo: Amen a sus enemigos, hagan bien a quienes los odian*».

Perdonar a mis enemigos sin ayuda no era algo que me pareciera que pudiera hacer. Recuerdo una historia de Corrie ten Boom, una famosa dama holandesa que sobrevivió contra viento y marea en un campo de concentración. Después de la guerra, conoció a uno de los oficiales del campo de concentración responsable de la muerte de su hermana. El alemán acercó a ella y le pidió perdón. Ella repuso que necesitaba que Dios la ayudara a levantar su mano para estrecharle la suya y perdonarlo. Entonces sintió que el amor de Dios fluía a través de ella.

Conozco a una mujer en Ucrania que, en medio de la guerra, comparte la verdad sobre el amor y el perdón de Dios tanto hacia los rusos como hacia los ucranianos. Ella está viviendo Romanos 13:10: «*El que tiene amor no hace mal al prójimo; así que en el amor se cumple perfectamente la ley*». Estas historias no aparecen en las noticias, pero es una gracia asombrosa que inunda las vidas de estas mujeres.

He tenido ocasión de perdonar muchas cosas duras que me han hecho, pero ninguna alcanza el nivel de Corrie ten Boom. Cuando le pedí ayuda a Dios, fui capaz de dar amor y perdón. El perdón no significa que tratemos de olvidar lo que ha sucedido o que se minimice o disculpe el mal. Sin embargo, esto no significa que debamos negar nuestra ira o nuestro dolor. Es entregar la situación a Dios para que detenga cualquier amargura que entre en tu corazón.

Estamos hechos de amor y por amor, y podemos amar con la conciencia de que Dios quiere colmarnos con ese amor para superar las opresiones que el enemigo trata de imponernos constantemente. Dios obra principalmente a través de nosotros, no desde fuera de nosotros. En estas historias sobre Corrie ten Boom y la mujer de Ucrania, esto ciertamente sucedió así: ellas dieron un paso y Dios proveyó lo que necesitaban. Estos son grandes ejemplos del maravilloso amor y la gracia de Dios.

«*Queridos hermanos, debemos amarnos unos a otros, porque el amor viene de Dios. Todo el que ama es hijo de Dios y conoce a Dios*». (1 Juan 4:7).

Dios no es el autor de la destrucción, pero no está ciego a todo lo que sucede aquí en la Tierra y Él es el poder y la gloria. Él no desea que nadie se pierda y no pueda encontrar su hogar original. Perder la vida aquí en la tierra es una cosa, pero perder la oportunidad de vivir en la eternidad con una familia amorosa es otra.

«*Pues el Señor está atento a lo que ocurre en todo el mundo, para dar fuerza a los que confían sinceramente en él*». (2 Crónicas 16:9).

«*¡Felices los que en ti encuentran ayuda, los que desean peregrinar hasta tu monte!*». (Salmos 84:5).

TRECE

CREATIVIDAD E IDENTIDAD

Dios ha puesto todo en nuestros corazones para que descubramos la sabiduría de vivir nuestras vidas desde la paz y el descanso en quienes Dios dispuso que fuéramos. La creatividad es el lenguaje del corazón y, a menudo, se ve en imágenes. He notado cómo el mundo creativo es más consciente de lo que sucede en el corazón y, durante las actividades creativas, a menudo las personas reciben sabiduría para la siguiente etapa de la vida sin buscarla conscientemente.

Nuestros corazones cuentan una historia. Algunas personas expresan su historia a través de la danza, el arte, los libros o el diseño en toda su diversidad. He escrito algunos poemas y versos sobre una parte de la historia de mi corazón. Este es un viaje para que todos descubramos cómo queremos expresar nuestra creatividad e identidad únicas. Cuando veo la belleza en el mundo natural y en las habilidades y la creatividad de las personas del mundo del diseño actual, veo qué maravilloso creador tenemos y qué hermosa creatividad ha puesto en todos nosotros, que toma muchas formas diferentes.

Solía confundir los diferentes papeles que desempeñaba en la vida con mi identidad. Cuando terminaba cada papel, primero me daba una sensación de: ¿y ahora qué? ¿Quién soy ahora en esta etapa de la vida? Inconscientemente, tomé mi identidad de muchas fuentes que no eran quien era yo, sino lo que había hecho en un momento concreto de mi vida. Mi identidad no está en lo que hago, ni en lo que tengo, ni en lo que otras personas dicen de mí. Soy la hija amada de Dios, amada incondicionalmente por quien Él dice que soy. Estaba destinada a brillar como un diamante, usando las gemas que hay en mi corazón.

Descubro el tesoro que hay en mi propio corazón con la ayuda de aquel que me creó.

¿Eres diseñadora, maestro, médico, político, líder de una iglesia, hombre de negocios, abogada, padre, cuidadora, niño, jubilado o anciana? Cualquiera que sea el papel de una persona o dónde se encuentren en la vida, todos tienen acceso a estas gemas para que sus corazones prosperen. El poder motivador del amor aportará encanto y energía a todo lo que hagas.

Nadie está solo en este peregrinaje por la Tierra, seamos o no conscientes de ello. El amor siempre está buscando conseguir lo mejor para cada uno, solo necesitamos ayuda para poder verlo. Todos tenemos una belleza única en nuestro interior.

CATORCE

CONCLUSIÓN

Oculto en el interior

Al principio compartí la historia de Francisco de Asís, conocido por su amor y sencillez de vida. Supuestamente, dijo que Dios había escondido todo su ser dentro del hombre, todo lo que el hombre necesitaba para vivir la vida que Dios había planeado, pero que al hombre nunca se le había ocurrido buscar esa vida allí. He descubierto que esta es la verdad, que Dios ha puesto todo dentro de mí para vivir la vida que Él planeó, un espacio en mi corazón que solo puede ser satisfecho recibiendo el amor y la aceptación incondicional del Padre. Dios Padre, que ahora sé que es bueno, es diferente del Dios que me retrataron a lo largo de los años. Estamos hechos a imagen de Dios. Nuestra identidad proviene de Él, no de lo que el mundo o el enemigo intenta hacernos creer. No importa lo que nos haya sucedido en nuestro caminar aquí, en esta vida. Dios Padre tiene todas nuestras historias escritas en Su libro de la vida y este libro tiene un buen final. Los santos de la Antigüedad no tenían el conocimiento ni los recursos que tenemos hoy y, sin embargo, descubrieron esta verdad. Siendo de Escocia, me fascinan especialmente las maravillosas historias relativas a los santos celtas.

Calmar mi corazón

Necesito tomarme un tiempo para estar en reposo, aquietar mi corazón y recibir sabiduría para el día que tengo por delante. Cuando lo hago con regularidad, esto me ayuda a tomar decisiones desde un lugar de quietud. Para mí ha sido un largo camino que todavía estoy recorriendo, pero si no hubiera empezado y seguido un paso tras otro, no estaría hoy donde estoy. Comencé mi trayectoria con una visión negativa de la vida, pero ahora tengo una visión positiva porque busco constantemente a mi Padre amoroso. Su amor y fidelidad permiten que la alegría surja naturalmente en mi corazón. Cuando escribí mi primer poema, Bypass del corazón, nunca soñé que terminaría años después escribiendo poemas para celebrar la Alegría y la Gracia.

Regalos de gracia de Dios

Las gemas son todas las cosas hermosas y positivas que provienen de la verdadera naturaleza de Dios y que Él colocó en mi corazón en el momento de la concepción. El viaje aquí en la Tierra puede ser mejor cuando encontramos y usamos estas gemas para proteger nuestro corazón de palabras que no dan vida.

Una gema muy importante es el amor incondicional de Dios. El Suyo es un amor que te acepta sin importar en qué etapa de tu vida te encuentres, un amor que nunca te deja ni te abandona, ni siquiera cuando fallas. Su amor solo quiere fortalecerte y alentarte. Su amor dice que estás bien tal como eres, pero te ayuda a ser aún mejor. Cuando vienes a Dios Padre, tienes acceso a todo lo que Él es, a sus bendiciones por el simple hecho de ser Su hijo o Su hija. Tenemos permiso para acceder a estas bendiciones y vivir de estos regalos (las gemas). Sin embargo, para que nuestros corazones despierten a esto y crean que es verdad lo que Su palabra dice sobre nosotros, necesitamos que el Espíritu de Dios abra nuestros corazones para que podamos permitirle cambiar cualquier atributo negativo por los positivos que tiene preparados para nosotros. Escribí antes que la Bella Durmiente no podía despertarse hasta que su príncipe viniera a besarla; bueno, en cierto modo necesitas el beso de Dios en tu corazón para despertarte a lo que ya tienes. Estoy empezando a usar estas gemas en mi vida diaria y a veces fallo, pero no pasa nada, no hay condena, la próxima vez lo haré mejor. Estoy aprendiendo la alegría de poder asociarme con el Espíritu Santo para vivir la vida partiendo de estas cualidades y crecer en Dios.

Al llegar al final del libro, es posible que tengas preguntas, pero recuerda que siempre puedes pedirle a Dios que te dé las respuestas que necesitas. Él se deleita en saber de ti para poder mostrarse amoroso y digno de confianza. Si necesitas más ayuda, estoy segura de que podrá ayudarte una comunidad cristiana local o una de las organizaciones que he nombrado en los agradecimientos.

Gracias por tomarte el tiempo de leer este libro, que voy a cerrar con un poema sobre la gracia.

Gracia

Gracia significa que de ti puedo recibir
porque fiel y verdadero eres para mí.
Misericordia porque conoces mi estado,
y mis errores pasas por alto.
Libertad para venir y esta Gracia experimentar, qué descanso y amor hay en este lugar.
Consuelo y compasión ablandan el corazón
cuando empiezas, con gracia y con amor
A lo largo del sendero con Él comienza a caminar
Él está aquí para quedarse y nunca se va.
Gracia y misericordia desde el trono del amor,
te permite ser más como Él, nuestro Señor.

NOTAS FINALES

A continuación, enumero una lista de algunos de los versículos de las Escrituras sobre los que reflexioné mientras escribía los poemas.

Salmos 46:10 – «*¡Ríndanse! ¡Reconozcan que yo soy Dios!*».
Dios me estaba mostrando que Él está a cargo de todas las situaciones para que yo pudiera recibir Su paz.

Jeremías 15:16 – «*Cuando me hablabas, yo devoraba tus palabras; ellas eran la dicha y la alegría de mi corazón*».
Alimentar mi corazón con lo que era bueno mantuvo mi mente enfocada y trajo alegría a mi corazón.

Jeremías 29:11 – «*Yo sé los planes que tengo para ustedes, planes para su bienestar y no para su mal, a fin de darles un futuro lleno de esperanza. Yo, el Señor, lo afirmo*».
Este versículo me animó a creer que Sus pensamientos hacia mí son buenos y Sus pensamientos de paz me dan esperanza para el futuro.

Bypass del corazón
2 Corintios 4:16; Proverbios 17:22

Corazón solitario
Hebreos 13:5-6; 2 Corintios 1:3-4.

Conexión del corazón
Juan 14:20 – «*En aquel día, ustedes se darán cuenta de que yo estoy en mi Padre, y ustedes están en mí, y yo en ustedes*».
Este versículo me recordó que estoy conectado con el Padre y el Hijo, por lo que ciertamente no estoy sola.
Salmos 18:6

Corazón esperanzado
Lucas 12:34; Proverbios 16:9

Un corazón que perdona y acepta
1 Juan 1:9; Mateo 6:14-15; Efesios 1:7; Efesios 6:12

El lugar oculto del corazón
1 Juan 4:16; Juan 14:6; Salmos 31:20.

Padre amoroso
Dios es un padre que quiere una relación amorosa con Sus hijos y que ellos sepan que pueden confiar en Él.
Juan 3:16 – «*Pues Dios amó tanto al mundo, que dio a su Hijo único, para que todo aquel que cree en él no muera, sino que tenga vida eterna*». Sus palabras de aliento son para enseñarnos su amorosa bondad hacia nosotros. El valor que Él nos da se refleja en Mateo 6:26 – «*Miren las aves que vuelan por el aire: no siembran ni cosechan ni guardan la cosecha en graneros; sin embargo, el Padre de ustedes que está en el cielo les da de comer. ¡Y ustedes valen más que las aves!*».

Canción de Chris Tomlin Buen, buen padre
Génesis 1:27; Salmos 139:13-14

Jesús mi amigo
Juan 15:13 – «*El amor mds grande que uno puede tener es dar su vida por sus amigos*».
Juan 14:6; Efesios 1:3-6.

Caminando con el Espíritu de la Verdad
Juan 14:26 – «*pero el Defensor, el Espíritu Santo que el Padre va a enviar en mi nombre, les enseñará todas las cosas y les recordará todo lo que yo les he dicho*».
Me está animando a recordar lo que es importante, porque a veces lo olvido.
Isaías 63:11; Marcos 1:8; Lucas 2:26; Efesios 1:13-14.

Adán
Proverbios 3:5-6; Génesis 1:26-28; Efesios 1:5-6; 1 Juan 4:17-19

Eva

Génesis 3:13-14: Proverbios 3:3-6; 1 Corintios 2:5; Sofonías 3:17; Génesis 1:26-28. Salmos 139:13-16

Alegría
Nehemías 8:10; Salmos 27:6; Salmos 51:12.

Viaje de amor
Juan 3:16; Efesios 3:14-21; Sofonías 3:17;
Efesios 1:5-6; 1 Juan 4:15-18; Mateo 10:31; Salmos 139 1-6; Efesios 2:4-9

Celebración de la alegría
Salmos 150; Juan 15: 11.

Reflexión de la vida
1 Corintios 13:12-13

Valentía
Deuteronomio 31:6; 2 Timoteo 1:7; Salmos 27:1; Salmos 91:1-6.

Reflexión del primer amor
1 Juan 4:19. Apocalipsis 1:5

Esperanza
Jeremías 29:11; Salmos 139:7-12; 1 Corintios 15:57; Hebreos 10:23

Hijos de Dios
1 Juan 3:1; Romanos 8:16; Romanos 8:21; Efesios 5:1.

Conocimiento o sabiduría
Santiago 1:5; 1 Reyes 4:29.

Amados
Cantar de los cantares 6:3; Salmos 108:6; Cantar de los cantares 1:16; Cantar de los cantares 2:2, Mateo 3:17, Lucas 9:35

Yo Soy
Génesis 17:1; Éxodo 3:14; Apocalipsis 1:8.

De cautiva a cautivada
2 Corintios 10:5; Efesios 4:8; Isaías 61:1-2.

Restauración y sanación
Jeremías 33:6; Malaquías 4:2; Salmos 91:1-2 y 14-16

Also available in English version

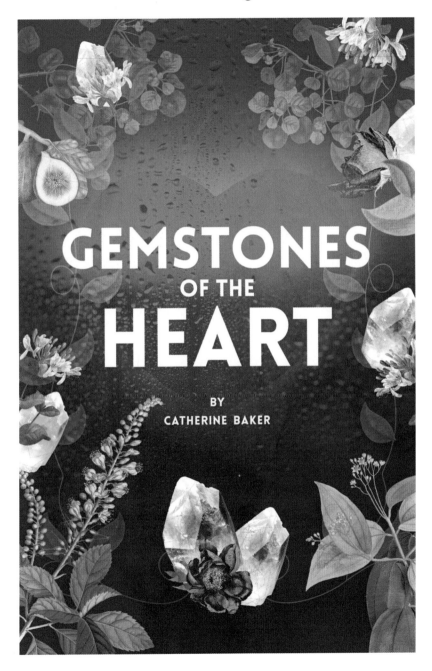

GEMSTONES
OF THE
HEART

BY
CATHERINE BAKER

Printed in the United States
by Baker & Taylor Publisher Services